Bibliografische Information der Deutschen Nationalbibliothek:

Die Deutsche Bibliothek verzeichnet diese Publikation in der Deutschen National-
bibliografie; detaillierte bibliografische Daten sind im Internet über http://dnb.d-
nb.de/ abrufbar.

Dieses Werk sowie alle darin enthaltenen einzelnen Beiträge und Abbildungen
sind urheberrechtlich geschützt. Jede Verwertung, die nicht ausdrücklich vom
Urheberrechtsschutz zugelassen ist, bedarf der vorherigen Zustimmung des Verla-
ges. Das gilt insbesondere für Vervielfältigungen, Bearbeitungen, Übersetzungen,
Mikroverfilmungen, Auswertungen durch Datenbanken und für die Einspeicherung
und Verarbeitung in elektronische Systeme. Alle Rechte, auch die des auszugsweisen
Nachdrucks, der fotomechanischen Wiedergabe (einschließlich Mikrokopie) sowie
der Auswertung durch Datenbanken oder ähnliche Einrichtungen, vorbehalten.

Impressum:

Copyright © 2018 GRIN Verlag
Druck und Bindung: Books on Demand GmbH, Norderstedt Germany
ISBN: 9783668927629

Dieses Buch bei GRIN:

https://www.grin.com/document/447363

Finn Petermann

Verkehrsplanung und infrastrukturelle Entwicklung der Metropolregion Mumbai

GRIN Verlag

GRIN - Your knowledge has value

Der GRIN Verlag publiziert seit 1998 wissenschaftliche Arbeiten von Studenten, Hochschullehrern und anderen Akademikern als eBook und gedrucktes Buch. Die Verlagswebsite www.grin.com ist die ideale Plattform zur Veröffentlichung von Hausarbeiten, Abschlussarbeiten, wissenschaftlichen Aufsätzen, Dissertationen und Fachbüchern.

Facharbeit

im Fach Geographie

Thema:

Verkehrsplanung und infrastrukturelle Entwicklung der

Metropolregion Mumbai

eingereicht von
Finn Petermann
Klasse 11

Thesen

Die akuten Verkehrsprobleme in Mumbai sind vorwiegend auf die rasante Bevölkerungsentwicklung der letzten 80 Jahre zurückzuführen.

Der Bau von ausreichend großen Verkehrswegen wurde in der Vergangenheit nicht bedacht.

Das Schienennetz ist Haupttransportmittel/träger und muss in Zukunft weiter großflächig ausgebaut werden, um den Straßenverkehr zu entlasten.

Durch extremen Platzmangel im Greater Mumbai ist es nur erschwert möglich, große Verbindungswege auf dem Land zu bauen. Unter- und überirdische Projekte sowie Projekte auf dem Wasser sind notwendig, um das Verkehrsaufkommen in Mumbai zu minimieren.

Inhalt

1. Einleitung

In der Zeit von Juli 2016 bis Juni 2017 war ich als Austauschschüler des Rotary Youth Exchange Programms in Indian. Ich habe während dieser Zeit bei verschiedenen Gastfamilien in Mumbai gelebt. Seit dem ersten Tag in der Millionenstadt war ich fasziniert und verblüfft zugleich, wie das Leben und der Transport der Menschenmassen tagtäglich fast reibungslos von statten geht.

Meinen täglichen Schulweg konnte ich nur mit öffentlichen Verkehrsmitteln bewältigen. Reisen in überfüllten Zügen, mit Rikschas bei extrem hohen Verkehrsaufkommen war für mich anfangs eine Herausforderung. Im Laufe der Zeit wurde es zur Normalität. Das Schreiben dieser Facharbeit über ein selbst gewähltes Thema kam mir daher ganz gelegen, um mein Wissen über dieses Themengebiet zu erweitern und vertiefen.

1.1. Aufbau der Facharbeit

Im theoretischen Teil wird ein Überblick über die Agglomeration Mumbais gegeben. Es wird die Stadtgeschichte beschrieben und die Flächennutzung der Metropolregion analysiert. Dies ist wichtig, da die besondere geografische Lage, Mumbai als Großstadt auf einer Halbinsel, und die Entwicklung verschiedener Wirtschaftsstandorte eine Herausforderung für die Infrastruktur darstellt.

Nach dem theoretischen Teil wird explizit auf die infrastrukturelle Situation in Mumbai eingegangen. Diese Entwicklung Mumbais wird in zwei Phasen betrachtet: von 1960 bis 2018 (Kapitel 3) und von 2018 bis 2040 (Kapitel 4).

Die Faktoren, die die verkehrliche Erschließung in den vergangenen Jahren beeinträchtigt haben, werden vorgestellt und erläutert. Darauf aufbauend wird die jeweilige Verkehrs- und infrastrukturelle Situation analysiert. Getrennt wird hier zwischen Straßen-, Schienen- und Flugverkehr, wobei auf den Schienenverkehr spezifischer eingegangen wird. Dieser war in der Vergangenheit das Antriebsrad der Wirtschaft Mumbais und wird es bis weit in die Zukunft bleiben.

Das letzte Kapitel gibt Einblick in die Zukunft der Stadt. Die voraussichtliche Flächennutzung und die damit verbundene Verkehrssituation wird beurteilt. Die organisierte Vorgehensweise der Regierung zur Bewältigung dieser verkehrsinfrastrukturellen Veränderungen und die Finanzierung der Projekte wird dargelegt. Im Anschluss werden geplante Verkehrsprojekte erläutert und hinsichtlich der jetzigen Situation bewertet.

Grundlage bilden die Einwohnerzahlen der letzten Volkszählung aus dem Jahre 2011. Man kann davon ausgehen, dass diese Zahlen aktuell um ein weiteres gestiegen sind.

1.2. Geografische Gliederung der Metropolregion

In meiner Facharbeit soll die infrastrukturelle Entwicklung der Metropolregion Mumbai dargelegt werden. Durch die extreme Größe des Ballungsraumes Mumbais muss sie in verschiedene Teilregionen unterteilt werden, um einen besseren Überblick behalten und um über jede der einzelnen Regionen urteilen zu können. Das Greater Mumbai[1] beschreibt die gesamte Stadt Mumbai, die sich in die Stadtdistrikte Mumbai City[2] (im Süden) und die Mumbai Suburban[3] (im Norden) aufteilt. Mumbai Suburban unterteilt sich weiterhin in die Western Suburbs[4] und Eastern Suburbs[5]. In dem weitläufigen Stadtgebiet des Greater Mumbai werden die Suburbs[6] als Orientierungspunkt zur Hilfe genommen.

Zur Mumbai Metropolitan Region (MMR) gehören neben dem Greater Mumbai außerdem der Distrikt Thane und Teile der Distrikte Palghar und Raigad[7]. Beim Analysieren dieser Distrikte werden die folgenden Satellitenstädte[8] als Orientierungspunkte dienen: Thane, Kalyan-Dombivali, Navi Mumbai, Mira-Bhayandar, Bhiwandi, Vasai-Virar und Panvel[9].

---

[1] Vgl. Anlage 1: 1
[2] Vgl. Anlage 1: 1.1
[3] Vgl. Anlage 1: 1.2 & 1.3
[4] Vgl. Anlage 1: 1.2
[5] Vgl. Anlage 1: 1.3
[6] Vgl. Anlage 8
[7] Vgl. Anlage 2
[8] größere, weitgehend eigenständige Ansiedlung in unmittelbarer Nähe einer Großstadt
[9] Vgl. Anlage 2

2. Überblick über die Metropolregion Mumbai (MMR)

Mumbai[10] ist mit 12 442 373 Einwohnern die größte Stadt Indiens. In der MMR leben über 19 899 266 Menschen[11], damit ist Mumbai die acht größte Agglomeration der Welt. Es liegt auf einer Halbinsel an der Westküste Indiens am Arabischen Meer, wobei die Distrikte Thane, Palghar und Raigad weit in das Land hineinreichen. Die Halbinsel[12] hat eine Nord-Süd-Ausdehnung von 50 km und eine maximale Ost-West-Ausdehnung von 23 km. Greater Mumbai nimmt eine Fläche von 603 km² ein und die gesamte MMR eine Fläche von 4355 km².

Mumbai ist die Hauptstadt des indischen Bundesstaates Maharashtra, das wirtschaftliche Zentrum Indiens, das Zentrum der größten Filmindustrie der Welt[13] und es besitzt den bedeutendsten Handelshafen des Landes.

Mumbai liegt im tropischen Klimabereich und ist durch seine Küstenlage dem Südwestmonsun ausgesetzt. Die Jahresdurchschnittstemperatur beträgt 27°C und der Jahresniederschlag beläuft sich auf 1815 mm. (vgl. 2, 11)

2.1. Geschichte Mumbai

Mumbai ist im Vergleich zu anderen indischen Städten eine sehr junge Stadt. Vor der Ankunft der Europäer im 16. Jahrhundert bestand Mumbai aus sieben Inseln, die durch intensive Landgewinnungsmaßnahmen bis weit in das 19. Jahrhundert zu der heutigen Halbinsel geformt wurden.

Ihre heutige Stellung verdankt Mumbai der Kolonialzeit. Durch die Verlegung der britischen Ostindien-Kompanie nach Mumbai im Jahre 1687 wurden Kaufleute und Unternehmen aus aller Welt angezogen. Nachdem die Ostindien-Kompanie weitere Baumwollanbaugebiete des Hinterlandes gewaltsam einnahm und ein Straßen- sowie Eisenbahnnetz errichtete, entwickelte sich die Textilindustrie in Mumbai. Durch den amerikanischen Bürgerkrieg[14] und durch die Eröffnung des Suezkanals im Jahr 1869 erlebte die Stadt einen immensen Aufschwung. Dieser wirtschaftliche Aufstieg entwickelte einen erheblichen Pull-Faktor[15], der die Einwohnerzahl 1864 auf 817 000 Menschen stiegen lies.

---

[10] Vor 1997 Bombay
[11] Schätzungen zufolge aktuell ca. 24 200 000 Einwohner (Quelle a)
[12] Salsette Insel
[13] Bollywood
[14] Von 1861 bis 1865
[15] Anziehende Faktoren

Schon früher wohnten ein Großteil der Einheimischen in Marginalsiedlungen[16] im Norden der Stadt. Im Südwesten Mumbai City entwickelten sich jedoch neue Wohnviertel der Eliten. Die Erschließung der heutigen Vororte[17] erfolgte Anfang des 20. Jahrhunderts, nachdem erste Baumwollfabriken eröffneten und eine Eisenbahnstrecke gebaut wurde.

Mahatma Gandhi wurde für seine Unabhängigkeitsbewegungen[18] von Mumbai unterstützt, welche den Grundstein für die Selbstständigkeit Indiens 1947 legten. Mumbai entwickelte sich danach mehr und mehr zu der Handels- und Finanzhauptstadt des Landes und wurde zu einer kosmopolitischen Stadt. Durch starke Zuwanderung entwickelten sich die kleinen Gemeinden an den Bahnhaltestellen der Vorortzüge zu immer größer werdenden Städten. In den folgenden Jahren schoben sich die Stadtgrenzen immer mehr ins Hinterland und werden seit 1979 unter der Mumbai Metropolitan Region erfasst.

Eine Gegenmetropole auf dem Festland Indiens zu errichten[19], um das Wachstum Mumbais einzudämmen, scheiterte bisher. (vgl. 1, 5, 11)

2.2. Entwicklung der Flächennutzung

Bis 1981 fand die Expansion der Stadt nordwärts von Mumbai City auf der Halbinsel Salsette statt. Aus den ehemaligen Elite Wohnvierteln der Briten im Südwesten Mumbais entstanden in der 2. Hälfte der 20. Jahrhunderts Central Business Distrikte (CBD). Diese umfassen den Nariman Point, Colaba, Cuff Parade und das Ballard Estate. Hier entwickelte sich größtenteils der Tertiäre und Quartäre Wirtschaftsektor[20]. Wolkenkratzer, Grünanlagen und allerhand öffentliche Einrichtungen demonstrieren hier anschaulich den Reichtum der Stadt.

Nördlich dieser Hauptgeschäftsbereiche entwickelte sich die Basar-Zone[21]. Gewerbe-Wohnanlagen charakterisieren dort die hohe Bevölkerungsdichte. Die britischen Verkehrswege im Zentrum, die für eine fußläufige Fortbewegung und nichtmotorisierte Verkehrsmittel konzipiert waren, wurden größtenteils übernommen und nicht neustrukturiert. Vorgezogene Wohnungen und Läden verkleinern noch heute die verwinkelten Verkehrswege in der Basar-Zone.

---

[16] Informelle Siedlung, Elendsviertel
[17] Mumbai Suburbs
[18] Seit 1942
[19] 1971 entstand östlich der Halbinsel auf dem Festland Navi-Mumbai
[20] Ansiedlung von Finanzwesen, Banken, Versicherungen, Reisebüros, Theater und Kunstgalerien
[21] Zum Beispiel Bhuleshwar-Basar und Jahveri-Basar

Nach Ende der Kolonialisierung wurden die alten Industrien im Bereich der heutigen Regionen Mumbai Central bis Dadar zum Teil abgerissen und ihre Flächen verkauft, aber auch modernisiert bzw. neugebaut. Wohlhabende Viertel[22], Wohngebiete, bestehend aus modernen Hochhäusern[23] und 5-Sterne Hotels entstanden in den küstennahen Gebieten. In der Nähe der Western und Eastern Eisenbahnlinien bildeten sich Gewerbeflächen in Form von Shoppingzentren und Bürokomplexen. Die zukünftige infrastrukturelle Erschließung wurde dabei nicht beachtet.

An der Ostküste von Mumbai City erstrecken sich Industriegebiete und der Hafen, welcher in erster Linie für die indische Marine und den Kreuzfahrtverkehr genutzt wird. Die Verlagerung des Massenguttransports zur Containerschifffahrt hat dazu geführt, dass ein großer Teil des Güterverkehrs zu dem Hafen in Nhava Sheva auf dem Festland umgeleitet wurde.

Durch den Verkehrsknotenpunkt der beiden Hauptlinien[24] entstand in der Region Dadar ein weiteres großes Gewerbegebiet mit hoher wirtschaftlicher Bedeutung, vor allem in Sachen Transportdienstleistungen.

Durch das enorme Bevölkerungswachstum im 19. Jahrhundert wurde das Greater Mumbai mit der Mumbai Suburban Region bis 1990 vollständig erschlossen. In den Western Suburbs wurden vorwiegend Wohngebiete errichtet. Von Bandra bis Versova entwickelten sich an der Küste sogar Wohnanlagen für die Oberschicht.

Die Schwermetall- und Chemieindustrie verlagerte sich größtenteils in das Chembur - Trombay Gebiet, wodurch eine Erschließung der Eastern Suburbs für Wohngebiete möglich war. Einige Industriegebiete sind weiterhin an dem Eastern Express Highway (EEH) und in der Nähe der Eastern Railway vorzufinden.

Das Bandra - Kurla Complex im Süden der Mumbai Suburban Region ist ein Büro- und Finanzviertel, das erbaut wurde, um den CBD im Süden der Stadt zu entlasten. Hier siedelten sich die Hauptsitze der nationalen sowie internationalen Banken und Versicherungsgesellschaften mit hoch modernen Bürokomplexen an.

Im Suburb Ville Parle liegt der einzige Flughafen der Stadt. Neben nationaler und internationaler Personenbeförderung dient er auch als Frachtflughafen. In unmittelbarer Nähe schossen große Hotelanlagen aus dem Boden, aber auch Industriestandorte im Osten entstanden.

An den Hauptverkehrswegen[25] breitete sich vorwiegend der Tertiäre Sektor aus und an den Bahnhöfen der Vorortzüge siedelten sich vorrangig Kleingewerbe an.

---

[22] Malabar Hill und Cumbala Hill
[23] Zum Beispiel Worli und Lower Parel West
[24] Western - und Eastern Railway
[25] Western - und Eastern Railway sowie der Western- und Eastern Express Highway

Die ersten Satellitenstädte, Mumbra, Kalyan, Bhiwandi, Badlapur und Navi Mumbai entstanden entlang der Eastern Railway im Zeitraum von 1973 bis 1992. Das stetig ansteigende Wachstum der Stadt brachte in den folgenden zwei Jahrzehnten die Gebiete Nallasopara, Vasai Virar, Mira-Bhayander, Thane und Panvel hervor.

Die Zentren der Satellitenstädte wurden zu Wohn- und Gewerbegebieten. Deren Außenbezirke entwickelten sich zu Gebieten des Sekundären Sektors.

In dem Vorortgürtel entstand seit den 1990er Jahren einzelne Hauptgeschäftsviertel, wie das CBD Belapur und CBD Vashi, die derzeit Heimat von Hochschulen und Technologieunternehmen sind. (vgl. 1, 2, 3, 4, 8, Anlage 6 & 7)

3. Aktueller infrastruktureller Stand Mumbais

Mumbai entwickelte sich in den vergangenen 50 Jahren rasant. Von 4,9 Mio. Einwohnern im Jahr 1961 sind es heute mehr als 20 Mio. im Ballungsraum Mumbai. Neben der stetig wachsenden Einwohnerzahl hat sich auch die Stadtgröße verändert. Durch die Ausweitung des Stadtgebietes musste die Verkehrsinfrastruktur in den vergangenen Jahren deutlich ausgebaut werden.

3.1. Ursachen für die Entwicklung des Verkehrs in Mumbai

Die aktuellen infrastrukturellen Probleme in der Metropolregion Mumbai sind auf mehrere Faktoren zurückzuführen.

Die Hauptursache aller Verkehrsprobleme ist das starke Bevölkerungswachstum in der MMR und der damit verbundenen Suburbanisierung[26].

Seit der Unabhängigkeit Indiens stieg die Einwohnerzahl jährlich zwischen 3,5% und 4% an. Die wirtschaftlichen Möglichkeiten und die erhofften besseren Lebensverhältnisse zogen bis 1980 größtenteils Bauern aus den ländlichen Regionen Maharashtras, aber auch Hindus aus dem neugegründeten Pakistan nach Mumbai[27]. In der Gegenwart ist vor allem das natürliche Wachstum die Ursache der anhaltenden Bevölkerungsentwicklung. Die Bevölkerungszahl wuchs in diesem Zeitraum von 2,85 Mio. auf inzwischen mehr als 20 Mio. Menschen.

In dieser kurzen Zeit war es den verantwortlichen Personen nicht möglich, eine annähernd ausreichende Infrastruktur zu errichten[28]. Es entstanden illegale Siedlungen, die

---

[26] Siehe Anlage 3
[27] Der prozentuale Anteil der Einwanderer belief sich bis 1981 auf mehr als 50% (vgl. 1)
[28] Nur 11% der gesamtfläche wird in Mumbai als Verkehrsfläche genutzt (vgl. 4)

durch das schnelle Wachstum der Stadt sich immer mehr in das Hinterland verlagerten. (vgl. 1, 2, 3)

Die Suburbanisierung in Mumbai ist seit 1981 zu bemerken und seit 2001 nicht mehr aufzuhalten, da das Greater Mumbai mit ca. 12 Mio. Menschen komplett ausgelastet ist. Es entwickelten sich Satellitenstädte, wie Mira-Bhayandar und Navi Mumbai. Niedrige Immobilienpreise, zunächst entlang der Western Railway, später aber vorwiegend an der Eastern Railway, waren Pull Faktoren für die Abwanderung der städtischen Bevölkerung in das Umland.

Das Wachstum hat zur Folge, dass der Weg, welcher täglich von vielen Pendlern zur Arbeit zurückgelegt werden muss, sich durch die Expansion der Stadt ebenfalls verlängert hat und somit die Verkehrswege und Transportmittel an ihre Belastungsgrenze stoßen. Heute besitzt Mumbai eine Bevölkerungsdichte von 20 680 Einwohnern/km² und die MMR eine Dichte von 4 764 Einwohnern/km². (vgl. 1, 2, 3, 11, Anlage 3)

Die Verschlechterung der Verkehrssituation in der MMR wird durch die zunehmende Motorisierung vorangetrieben. Im Zeitraum von 1991 bis 2005 ist die Anzahl der zugelassenen motorisierten Fahrzeuge[29] in der Region Mumbai drastisch gestiegen.[30] Die Steigerung um 137% der Autos, um 306% der Zweiräder, um 420% der Rikschas und um 128% der Taxen im Zeitraum von 1991-2005 hat ein hohes Verkehrsaufkommen geschaffen und macht Mumbai zu einer der am meisten überlasteten Städte der Welt. Laut „Times of India" hat die Anzahl der zugelassenen Fahrzeuge in den letzten fünf Jahren von zwei Millionen auf drei Millionen zugenommen[31]. Hinzu kommt die marginale Änderung des Straßenverkehrsnetzes, die das Verkehrsaufkommen in der letzten fünf Jahren noch mehr verstärkt hat. 2011 bis 2012 waren es nur 935 Fahrzeug pro Kilometer, 2015 bis 2016 dagegen circa 1500 Fahrzeuge pro Kilometer[32]. Der Anstieg der Motorisierung erklärt sich durch das steigende Bruttoinlandsprodukt (BIP)[33] pro Kopf in Indien, welches jährlich um ungefähr 6% gestiegen ist, und die hinzukommenden steigenden Konsumausgaben für Transportmittel[34].

Die fehlende Ausweitung des Straßennetzes, aber auch der Anstieg des motorisierten Individualverkehrs führt zu einer Verdichtung des Verkehrsaufkommens und demzufolge zu extrem geringen Reisegeschwindigkeiten. (vgl. 2, Quelle b)

---

[29] Autos, Zweiräder, Rikschas, Taxis und Nutzfahrzeuge
[30] Siehe Anlage 5
[31] Anstieg von 50% (Quelle b)
[32] Quelle c
[33] Siehe Anlage 4
[34] Quelle c

Die Lage Mumbais auf einer Halbinsel und die Entwicklung des Stadtbildes ist ein weiterer Faktor, der den Verkehr tagtäglich beeinträchtigt. Durch die Expansion der Stadt nordwärts, entlang der beiden Eisenbahnlinien, entstanden die Nord-Süd Hauptverkehrsstraßen Western Express Highway (WEH) und Eastern Express Highway (EEH). Weitere Wohngebietserschließungen[35] zwischen den Eisenbahnlinien ließen wenig Platz für große Ost-West Verbindungswege, die zu einer Entlastung der Highways geführt hätten. (vgl. 9)

Ein weiteres Hindernis ist die Erschließung verschiedenster Wirtschaftssektoren im gesamten Greater Mumbai. Große Arbeitsmärkte entstanden vorwiegend durch die CBD im Süden von Mumbai City, das Chembur-Trombay Industriegebiet und dem BKC. Aufgrund dieser Arbeitsstellenverteilung im Süden des Greater Mumbais entwickelten sich schon zu Zeiten der Kolonialherrschaft der Briten Pendlerströme zum Stadtzentrum. Eine umfangreiche Verkehrsstudie[36], die 2005 mithilfe der Weltbank durchgeführt wurde, ermittelte folgende Werte für den aktuellen Pendlerverkehr in Mumbai[37]:

Von den 4 Mio. formellen Arbeitsstellen liegen knapp 70% im Greater Mumbai. In Folge dessen müssen viele Erwerbstätige aus der gesamten MMR täglich weite Arbeitswege auf sich nehmen. Die 10 Mio. Erwerbstätigen legen somit pro Tag mehr als 28,5 Mio. Strecken zurück. 13.5 Mio. dieser Fahrtwege setzten sich aus einer Kombination von verschiedenen Verkehrsmitteln zusammen, wobei mindestens ein motorisiertes Fahrzeug herangezogen wird. 41%[38] der täglichen Strecken werden mit Hilfe des Öffentlichen Personennahverkehrs (ÖPNV) bewältigt, wobei von diesen 4,8 Mio. das Straßennetz belasten. Hinzu kommen 1,8 Mio. Fahrtwege des Individualverkehrs. Dies hat zur Folge, dass das Verkehraufkommen durch den Pendlerverkehr im Greater Mumbai weit über die Hauptverkehrszeiten[39] hinaus sehr hoch ist. (vgl. 10)

Sl. No.	Main Mode	Trips per day
1	Walk	1,48,50,000
2	Train	69,75,000
3	Bus	35,50,000
4	Rickshaw	10,50,000
5	Taxi	2,25,000
6	Two Wheeler	10,50,000
7	Car	6,25,000
	Total	2,83,25,000

Tabelle 1: Trips in MMR by Mode of Transport

---

[35] Zum Beispiel Powai
[36] TRANSFORM (Transportation Study for Region Mumbai) [CTS-2005, vgl.10]
[37] Siehe Tabelle 1
[38] 11,8 Millionen Strecken
[39] 8:30 - 11:30 Uhr sowie 17:30 - 20:30Uhr (vgl. 4)

Um den unkontrollierten Wachstum der Stadt entgegenzuwirken wurde die Mumbai Metropolitan Region Development Authority (MMRDA) 1975 gegründet. Seit dem ist die MMRDA für die langfristige Regional- und Verkehrsplanung in der MMR zuständig. Mit immer aktuellen Regionalplänen wird versucht, ein strategisches Rahmenwerk für ein nachhaltiges Wachstum der MMR zu erstellen. (vgl. 15)

3.2. Schienennetz

Bereits 1853 wurde in Mumbai die erste indische Eisenbahnstrecke vom Chhatrapati Shivaji Maharaj Terminus (CST) nach Thane errichtet. Diese verlief 34 km entlang der Ostküste der Halbinsel Salsette von Süd nach Nord. In den darauffolgenden Jahren wurde die Stadt an das Fernverkehrsnetz angebunden und mit den Metropolen Kolkata und Madras verbunden. In der zweiten Hälfte des 19. Jahrhundert entwickelte sich ein Netz von Vorortzügen[40]. Das Mumbaier Vorortbahnnetz der Western Railway erstreckt sich vom Kopfbahnhof Churchgate im Stadtzentrum Mumbais in nord-westlicher Richtung über die Wohn- und Geschäftszentren der Western Suburbs auf einer Strecke von 124 km bis nach Dahanu. Die Central Railway verkehrt vornehmlich auf dem Oststrang zwischen dem CST und den nordöstlich gelegenen Vororten Thane, Kalyan und Kasara. Die Harbour Line verläuft vom CST im Süden zu den Vororten Navi Mumbai, Belapur und Panvel sowie zu den Western Suburbs Bandra und Andheri[41].

Diese Zugstrecken wurden zunächst von Dampflokomotiven und seit 1930 mit Elektrolokomotiven betrieben.

Bis heute entstand somit ein unglaublich effektives Nahverkehrsnetz, welches eine Schienenlänge von 465 km besitzt und weite Regionen in der MMR erreicht. In über 2600 angebotenen Zugverbindungen werden täglich mehr als 7,5 Mio. Menschen transportiert. Mit einer jährlichen Fahrgastzahl von 2,64 Mrd. beförderten Personen ist das Vorortzugsystem eines der verkehrsreichsten Commuter-Rail-Systeme auf der Welt. Mit einer durchschnittlichen Fahrgastdichte von 12 Menschen/m² ist es gleichzeitig das System mit der größten Überbelegung weltweit. Die Züge verkehren täglich von 3.30 Uhr am Morgen bis 1.30 Uhr am nächsten Morgen. Zu Hauptstoßzeiten fahren die Züge in einem Abstand von einer Minute. Die Zugtickets sind von der Regierung subventioniert und kosten umgerechnet nur 12cent/10km.

Um die Fahrgastdichte in den Zügen zu minimieren, wurde die „Abfahrtsfrequenz" in den letzten 10 Jahren deutlich erhöht. Außerdem wurden die 9-Waggon Züge kontinuierlich auf 12- und 15-Waggon Züge aufgestockt. Diese Züge haben eine Länge von mehr als

---

[40] Suburban electric trains (ugs. Local Trains)
[41] Siehe Anlage 12

300 m. Seit Dezember 2017 wurde auch ein klimatisierter Zug zwischen Churchgate und Borivali eingesetzt. Mit deutlich höheren Ticketpreisen ist dieser weniger überfüllt und für Geschäftsleute vorgesehen. (vgl. 1, 2, 3, 4, 13, Anlage 12)

Um den extremen Druck auf die öffentlichen Verkehrssysteme zu entlasten, wurde von der MMRDA die zwei bis jetzt umgesetzten Projekte ins Leben gerufen, die Mumbai Metro Line 1 und die Mumbai Monorail.

Die Metro Line 1 verbindet das westlich, küstennahe Versova mit den Bahnhöfen Andheri und Ghatkopar, sowie dem Chhatrapati Shivaji International Flughafen[42]. Die 11,4 km lange, oberirdisch laufende Strecke, stellt eine Verbindung der Eastern & Western Suburbs sowie der Western & Central Railway her. Die direkte Anbindung an die Vorortbahnhöfe Andheri und Ghatkopar ermöglichen ein reibungslosen und effizienten Umstieg. Die Verbindung wurde nach vierjähriger Bauzeit[43] 2014 eröffnet. Sie reduziert die Reisezeit von Versova nach Ghatkopar von 71 Minuten auf 21 Minuten. Die 22 m langen, klimatisierten Züge befördern täglich 300 000 Leute. (vgl. 12)

Die Mumbai Monorail wurde ebenfalls als Teil der großen Expansion des öffentlichen Verkehrs in der Stadt erbaut. Die erste Phase Wadala-Chembur wurde 2014 für die öffentliche Nutzung freigegeben und Mitte 2017 die zweite Phase Wadala-Jacob Circle eröffnet. Sie verbindet die Industrieregion Chembur - Trombay mit den Harbour, Central und Western Eisenbahnstrecken, das BKC und das zentrale Gebiet von Mumbai City. Wegen verschiedener sicherheitstechnischer Gründe wurde der Fahrgastbetrieb in den vergangenen Jahren öfters eingestellt. (vgl. 16)

3.3. Straßennetz

Das Straßennetz und der ÖPNV dient der Aufnahme des Ziel- und Quellverkehrs einerseits für Pendler zwischen Wohnort/Arbeitsstelle und Bahnhof, andererseits dem des Individual- und Güterwagenverkehrs, wodurch es täglich komplett ausgelastet ist.

In Bezug auf den Straßenverkehr ist es notwendig, den überregionalen vom städtischen Verkehr zu trennen. Die Autobahnen liegen vorwiegend im Umland und können aufgrund des freien Landes ständig erneuert bzw. ausgebaut werden. Im Vordergrund stehen somit die Nahverkehrsstraßen vom Greater Mumbai ausgehend, die täglich dem Pendlerverkehr als Grundlage dienen. Folgende Hauptverkehrsstraßen stellen eine Verbindung zwischen den Suburbs und Mumbai City her:

• Die acht bis zehnspurigen Nord-Süd Verkehrsstraßen EEH und WEH sowie der Eastern Freeway verbinden die jeweiligen Suburbs mit dem Stadtzentrum.

---

[42] Siehe Anlage 10, 12
[43] Von 2008 bis 2012

- Die Santacruz-Chembur-, Andheri-Ghatkopar- und Jogeshwari-Vikhroli Verbindungs-straßen sind die einzigen, zwei- bis vierspurigen ausgebauten Ost-West Verbindungen, die durch den starken Verkehr fast durchgängig voll ausgelastet sind.
- Die 5,8 km lange, achtspurige Bandra-Worli Sea Link Brücke verbindet Bandra mit Worli und somit Mumbai City mit den Western Suburbs.
- Der Sion Panvel Highway ist die einzige Ost-West Verbindung zum Festland.

Die 1,8 km lange Vashi Brücke verbindet Chembur mit Vashi (vgl. 8, 9, Anlage 11)

Es gibt somit nur eine geringe Anzahl an Hauptverkehrsstraßen im Greater Mumbai, die für heutige Verhältnisse zu klein sind und in den letzten Jahren nicht effizient ausgebaut wurden. Auf allen Straßen ist der Druck extrem groß, da der Verkehr bei einer Blockade eines Highways auf die benachbarten engeren Straßen ausweicht und diese weiter ver-stopft.

Das Bussystem ist das am meisten genutzte Transportmittel auf den Straßen. Seit 1926 dient es in erster Linie als Zubringer des leistungsfähigen Schienenverkehrssystems. Das größte städtische Busunternehmen ist die Brihanmumbai Electric Supply and Trans-port Undertaking (BEST). Mit mehr als 4700 Bussen befördert das Unternehmen auf 504 Linien etwa 4,5 Mio. Passagiere pro Tag. Das Busnetz ist sehr komplex und reicht bis in die entlegensten Teile der Stadt wie auch zum Teil bis außerhalb der Stadtgrenze. (vgl. 1, 2, 9)

Auto-Rikschas und Taxen spielen eine wichtige Rolle im öffentlichen Verkehr in Mumbai. Die 250000 Rikschas und 80000 Taxen dienen vorwiegend zum Zurücklegen kurzer Strecken. (vgl. 2)

3.4. Flugverkehr

Der Chhatrapati Shivaji International Flughafen (CSIA) Mumbai liegt im Suburb Ville Parle East und ist nach Delhi der zweitgrößte Flughafen in Indien. Er besteht aus dem neuen internationalen Terminal 2 und dem nationalen Terminal 1. Zwei Start- und Lan-debahnen befördern jährlich über 45 Mio. Passagiere. Unter Berücksichtigung der stei-genden Passagierzahlen wird er bis 2018 mit 48 Mio. Passagieren pro Jahr ausgelastet sein[44]. (vgl. 28)

Die städtische Infrastruktur muss wegen der Lage des Flughafens im Zentrum des Gre-ater Mumbai und den zu erwartenden steigenden Passagierzahlen angepasst werden, um einen schnelleren und unkomplizierteren Transport der Passagiere gewährleisten zu können. Der Flughafen ist nicht Teil der städtischen Infrastruktur sondern ist bedeuten-der Auslöser des Ziel- und Quellverkehrs auf Schiene und Straße.

---

[44] Quelle d

4. Infrastrukturelle Entwicklung bis 2040

Die bestehende Verkehrsinfrastruktur ist nicht in der Lage, die aktuell hohe und zukünftig steigende Verkehrsnachfrage zu befriedigen. Das Vorortzugsystem ist fast vollständig ausgelastet und das Bussystem beschränkt sich auf begrenzte Zubringerdienste für die Vorortzüge. Die begrenzten Flächenprobleme machen einen Ausbau der vorhandenen Straßen- und Schienennetze auf der Halbinsel fast unmöglich.

Laut der Verkehrsstudie TRANSFORM wird die Einwohnerzahl in der MMR bis 2031 auf 34 Mio. Menschen steigen und der Arbeitsmarkt auf 15,3 Mio. Arbeitsstellen vergrößert. Die Anzahl der privat zugelassenen Fahrzeuge wächst auf 9 Mio.. (vgl. 10)

Um einen optimalen, effizienten und reibungslosen Transport von Personen und Waren in den folgenden Jahrzehnten gewährleisten zu können, steht die Regierung Mumbais in den nächsten 20 Jahren vor einer massiven Herausforderung. Verschiedene Projekte müssen gleichzeitig erbaut werden, um den Bevölkerungsdruck standhalten zu können.

4.1. Voraussichtliche Flächennutzung

Anhand des voraussichtlichen Flächennutzungsplanes 2036 der MMRDA aus dem Jahre 2016[45] lässt sich im Vergleich zur aktuellen Situation folgendes zur Stadtentwicklung sagen:

Im Greater Mumbai wird das Stadtbild markant verändert. Die Industrien im zentralen Gebiet von Mumbai City werden fast vollständig in Wohn- und Gewerbegebiete umgebaut. Die Industriezone im Norden des Flughafens von Mumbai vergrößert und verdichtet sich. Einzelne Industrien werden entlang des Eastern Express Highways zu kleinen Industriegebieten zusammengefasst, um noch mehr Wohnraum schaffen zu können.

Das größte Wachstum geht im Vorortgürtel von Mumbai aus. Die Wohn- und Gewerbeflächen im Zentrum der Satellitenstädte[46] werden bis 2036 extrem wachsen. Auf dem Festland sollen außerdem riesige Industriegebiete am Rande dieser Außenbezirke entstehen. Diese hinzugewonnenen Industriegebiete ermöglichen einen größeren Arbeitsmarkt außerhalb des Greater Mumbai, der den Pendlerverkehr dämpft. Um den steigenden Containerschiffverkehr zu kontrollieren, soll einerseits der Rewas Hafen, 10 km südwärts vom Nheva Sheva Hafen entstehen und andererseits der Nheva Sheva Hafen deutlich vergrößert werden. Reine Industriestädte[47] sollen in der Nähe von diesen Häfen entstehen, um ideale Industriestandorte mit kurzen Transportwegen für große Firmen

---

[45] Vgl. Anlage 8
[46] Vor allem Vasai-Virar im Norden und Thane, Bhiwandi, Navi Mumbai, Kalyan-Dombivali, Uhlasnagar, Ambernath, Badlapur und Panvel im Osten auf dem Festland
[47] Zum Beispiel Uran und Rewas

und Unternehmen anbieten zu können, um damit die Wirtschaftsmacht Mumbais zu steigern. (vgl. Anlage 8)

4.2. Organisation und Finanzierung der Infrastrukturprojekte

Zur besseren Organisation der unterschiedlichen Infrastrukturprojekte wurden von der Regierung Maharashtra, der Indian Railways und der MMRDA im Jahre 2002 zwei voneinander getrennte Stadtverkehrsprojekte ins Leben gerufen. Das Mumbai Urban Transport Projekt (MUTP) und das Mumbai Urban Infrastructure Projekt (MUIP) soll eine Verbesserung der Verkehrssituation in der MMR entstehen lassen. Die beiden Projekte streben in erster Linie den Ausbau eines effizienten Transportsystems sowie eine Verbesserung des Personen- und Warenverkehrs an.

Das MUTP spezialisiert sich auf den Ausbau des Schienentransports, welcher zum einen die Aufstockung des Nahverkehrsnetzes durch zusätzliche Gleisanlangen umfasst. Ergänzend zum MUTP befasst sich das MUIP mit dem Ausbau des Straßennetzes und dem damit verbundenen Hauptziel, ein effizientes Verkehrsverteilungssystem im Großraum Mumbai zu erschaffen.

Die Hauptverkehrsprojekte werden separat organisiert. Der Mumbai Metro Master Plan wird durch die Mumbai Metro Rail Corporation und MMRDA durchgeführt und das Coastal Road Projekt wird von der Municipal Corporation of Greater Mumbai (MCGM) geleitet. (vgl. 1, 2, 9, 17, 18, 21)

Alle Stadtverkehrsprojekte werden zum einen von den Regierungen Mumbai, Maharashtra und Indien und zum anderen von der Weltbank finanziert. Die Weltbank bedient sich hierbei Förderungsinstrumenten wie langfristige Darlehen zu marktnahen Konditionen, zinslosen, langfristigen Krediten für Investitionsprojekte und der Übernahme von Garantien. (vgl. 1, 7, 8, 9, 19)

4.3. Projekte im Schienenverkehr

Das größte Projekt im Schienenverkehr ist der Aufbau eines Metro Netzes in Mumbai, um die Verbesserungen des MUTP zu ergänzen und Gebieten, die keine Anbindung an das Vorortzugnetz besitzen, eine bahnbasierte Nahverkehrsanlage zur Verfügung zu stellen.

Hierzu wurde der Mumbai Metro Master Plan von der MMRDA entworfen und soll in drei Phasen bis 2025 umgesetzt werden. Dieser besteht aus 9 Strecken mit einer Gesamtlänge von 172 km[48], wovon 32,5 km unterirdisch und der Rest überirdisch verlaufen werden[49]. Das Metro Netz soll an die wichtigen Bahnhöfe der Vorortzüge[50] sowie dem CSIA angebunden werden, um das Bussystem und insbesondere das Straßennetz vom Ziel- und Quellverkehr zu entlasten. Die Planung beruht weiterhin auf den Anschluss der benachbarten Gebiete Thane, Navi Mumbai und Mira Bhayander an das Massentransportsystem. Die Nord-Süd verlaufenden Metrolinien 2, 3, 4, 7 und 8 sollen zu einer deutlichen Entlastung der WEH und EEH sowie der Western- und Central Railway führen. Mit den Ost-West Verbindungen 1, 2 und 6 soll der Pendlerverkehr minimiert und der Verkehrsknotenpunkt Dadar entlastet werden. Das schnelle Schienentransportmittel soll in diesem Zusammenhang die Wohn- und Gewerbegebiete außerhalb des Greater Mumbais beliebter machen. Die erste Linie[51] ist seit 2014 in Betrieb und befördert täglich 300.000 Menschen. Die Linien 2, 3 und 7 sind aktuell im Bau, Baustart für Linie 4 ist im April 2018 geplant. Mehr als 3 Mio. Menschen könnten perspektivisch täglich transportiert werden. Hinter diesen Vorteilen verbergen sich jedoch auch Nachteile. Extrem hohe Baukosten von 10,46 Mrd. Euro müssen aufgebracht werden. Vegetation muss weichen. Viele Bäume müssen gefällt werden, um den Verlauf der überirdischen Strecke zu gewährleisten. Entlang der Linien und vor allem an den Metro Stationen müssen rund 120 000 projektbetroffene Bürger, deren Geschäfts- und Wohngebäude auf dem für den Ausbau der Infrastruktur benötigten Land liegen, umgesiedelt werden. Während der Bauphase wird es außerdem erhebliche Einschränkungen auf den Straßen geben, da die Linien größtenteils entlang größerer Verbindungswege verlaufen. (vgl. 2, 20, 21, 22, Anlage 10) Neben dem Metro Master Plan soll es durch das MUTP einen Ausbau des bestehenden Vorortbahnnetzes geben. Dadurch sollen 210 neue klimatisierte Züge auf beiden Vorortstrecken in den nächsten Jahren verkehren, die einen sicheren und angenehmen

---

[48] In der ersten Planungsphase war eine Länge von 147 km vorgesehen. Während der Vorbereitung wurden einige Änderungen vorgenommen und die Länge auf 172 km erweitert. (Vgl. 20)
[49] Siehe Anlage 10
[50] Churchgate, CST, Mumbai Central, Bandra Terminus, Andheri und Ghatkopar
[51] Versova - Andheri - Ghatkopar

Transport gewährleisten. Zudem soll es eine Erweiterung der Gleisanlagen außerhalb des Greater Mumbais geben, um mehr Zugverbindungen anbieten zu können.

Dies alles umfasst eine große Herausforderung der Planung, Logistik und Umsetzung der Projekte mit massiven Einschränkungen während der Bauzeit für derzeit bestehende Transportwege und -systeme. (vgl. 2, 17)

4.4. Projekte im Straßenverkehr

Bis 2040 soll es eine Vielzahl an neuen Verkehrswegen geben[52], um den steigenden Pendlerverkehr, der durch die Expansion der Satellitenstädte zu erwarten ist, einzudämmen und das Verkehrsaufkommen zu minimieren.

Um den Western Express Highway zu entlasten, hat die Regierung eine 35,6 km lange „Küstenstraße"[53] geplant. Diese soll entlang der Westküste Mumbais verlaufen und stellt somit die erste Hochgeschwindigkeitsverbindung zwischen den westlichen Suburbs und Mumbai City dar. Die Gebiete Marine Lines, Princess Street, Tardeo, Mahalaxmi, Worli, Girgaon, Kalbhadevi, Tulsi Wadi und Peddar Road sollen direkt angebunden werden. Für den Bau dieser Küstenstraße sind große Landgewinnungsprozesse geplant. Auf diesen neuen Flächen soll zum einen die Coastal Road vom Nairman Point bis zum Bandra-Worli Sea Link verlaufen und zum anderen plant man einen Teil davon als Park- und Freizeitanlagen nutzen zu können. Die Coastal Road soll zwischen Bandra und Versova über eine 9,5 km lange Brücke verlaufen. Die Wohn- und Gewerbegebiete in der Nähe der achtspurigen Coastal Road werden durch die gute Anbindung immens profitieren. Negativ wird sich der Bau entlang des westlichen Küstengebietes auf die Lebensräume von zahlreichen verschiedenen Tierarten auswirken. Außerdem fallen immense Kosten in Höhe von 1,87 Mrd. Euro an. (vgl. 7, 8, 9, 19, 31, Anlage 11)

Eine Entlastung für den Eastern Express Highway plant man mit dem Bau des Mumbai Trans Harbour Link (MTHL). Diese sechsspurige 22,5 km lange Brücke soll eine Verbindung zwischen Sewri in Mumbai City und Navi Mumbai auf dem Festland herstellen.

Die Vorteile dieses Projekts sind eine bessere Entwicklung und Anbindung der Region Navi Mumbai und Teile des Distrikts Raigad, außerdem Ersparnisse in Kraftstoff und Pendlerzeit durch eine kürzere Verbindung zu Mumbai City, sowie eine schnelle Verbindung zum geplanten Flughafen in Navi Mumbai.

Nachteil hierbei besteht in dem Verlauf der Brücke durch ein Flamingo-Schutzgebiet und einem großen Mangroven Wald, welche durch den menschlichen Eingriff zum Teil zerstört werden. (vgl. 7, 8, 9, 29, Anlage 11)

---

[52] Siehe Anlage 11
[53] „Coastal Road" (Quelle e)

Die Dringlichkeit und immense Wichtigkeit dieser Straßenprojekte ergibt sich in einer optimalen Anbindung von Mumbai City mit den Regionen auf dem Festland des MMR und den dort im Entwicklung befindenden Wohn- und Industriegebieten.

4.5. Projekte im Flugverkehr

Der bestehende CSIA in Mumbai wird in den kommenden Jahren an seine Kapazitätsgrenze stoßen. Um diesem entgegenzuwirken ist bereits ein weiterer Flughafen in Navi Mumbai geplant. Der Navi Mumbai International Airport (NMIA) soll westlich von Panvel entstehen und bis 2020 vollständig seinen Betrieb aufnehmen. Mit zwei parallel verlaufenden Start- und Landebahnen ist bis 2030 die maximale Kapazität von 90 Mio. Passagieren pro Jahr erreicht. (vgl. 32)

Eine Hochgeschwindigkeits-Metrolinie soll die beiden Flughäfen verbinden. Perspektivisch soll der Ziel- und Quellverkehr auf den Straßen vor allem durch eine noch bessere Anbindung der Flughäfen an das Metronetz entlastet werden. Zudem gewährleistet der MTHL eine schnellere und kürzere Verbindung weiter Teile Greater Mumbais zum NMIA. (vgl. 20)

5. Schlussbemerkungen

Zusammenfassend lässt sich sagen, dass die Verkehrsprobleme in Mumbai relativ frühzeitig erkannt wurden. Seit der Gründung der MMRDA arbeitet man strategisch an dessen Lösung. Grundlage hierfür waren eine organisatorische Institutionalisierung der Nahverkehrsplanung sowie eine großzügige Ausstattung mit Investitionsmitteln durch die Weltbank und die Republik Indien.

Das Vorortzugsystem und das Straßennetz wurden in den vergangenen Jahren stark ausgebaut. Mit dem Mumbai Metro Master Plan entsteht ein leistungsfähiges Metronetz, welches die Gebiete abdeckt, die bisher keine Anbindung an das Vorortzugsystem haben. Dies sorgt für eine erhebliche Verminderung des Ziel- und Quellverkehrs der Bahnhöfe, da es jedem möglich sein wird, eine Haltestelle in 0,5 - 1 km aufzufinden. Mit den beiden Straßenprojekten[54] sollen vorwiegend die Verkehrswege im Greater Mumbai entlastet werden und ein schnelleres Reisen mit dem Auto ermöglichen. Dieses Optimal geschaffene Verkehrsnetz bietet Mumbai die Chance zur Etablierung eines gigantischen Weltwirtschaftsstandorts. Im Ergebnis wird die Ergänzung bestehen-

---

[54] Das Coastal Road Project und der MTHL

der und neuer Verkehrssysteme einen Beitrag dazu leisten, die Lebensqualität im Ballungsraum Mumbai zu verbessern, die wirtschaftliche Entwicklung zu fördern und Mumbai für die Zukunft zu wappnen.

Ziel meiner Facharbeit war es, mich näher mit den im Verlauf erkenntlichen Themen auseinanderzusetzen und einen Teil des Fachwissens über die infrastrukturelle Entwicklung Mumbais an den Leser zu vermitteln. Natürlich konnte ich teilweise nur an der Oberfläche agieren, da teilweise präzise Angaben über detaillierte Pläne und Vorhaben seitens Indiens noch nicht vorliegen. Gleichfalls hätte es den Rahmen und auch teilweise meine geografische Vorstellungskraft gesprengt. Das Ziel, meinen Horizont über dieses Thema insgesamt zu erweitern, ist mir meiner Meinung nach gut gelungen. Das Schreiben dieser Arbeit fiel mir nicht sonderlich schwer, da ich während meines Austauschjahres in Mumbai selbst täglich mit der verkehrlich bestehenden Situation konfrontiert wurde, ständig auf öffentliche Verkehrsmittel angewiesen war und die Fülle dieser hoch zu schätzen weiß. Mein eigenes Interesse beschäftigte sich während des gesamten Aufenthaltes in Mumbai und Indien mit den doch für „Neuankömmlinge" bestehenden Verkehrschaos, welches für Insider überschaubar, gut zu managen und einfach, wenngleich auch zeitraubend, tagtäglich mit Hochachtung bewältigt wird. Meine anfängliche Fassungslosigkeit in Hinsicht der Verkehrssituation bestärkte mich während meines gesamten Aufenthaltes zu ergründen, wohin die Entwicklung auf engstem Raum noch führen soll. Somit ergaben sich Gespräche und Gelegenheiten, mich vor Ort über die geplante Entwicklung zu informieren. Ich wünsche mir sehr, für die mir so ans Herz gewachsene Stadt, dass all ihre Visionen zur besseren Bewältigung des Verkehrs umgesetzt werden können.

Letztendlich haben sich während des Schreibens der Facharbeit meine Behauptungen bestätigt. Die nicht aufzuhaltende Bevölkerungsentwicklung ist die Hauptursache der aktuellen Verkehrsprobleme im Greater Mumbai. Zudem ist der Bau des Metrosystems von sehr großer Bedeutung, da er den Ziel- und Quellverkehr auf der Straße entlastet und ein weiteres Massentransportsystem im MMR bildet. Durch die unter- und überirdisch verlaufenden Strecken stellt es eine optimale Anbindung fast aller neu entstehender Wohn- und Industriestandorte im MMR her. Die geplanten Verkehrswege sind unumgänglich, da sie die derzeit bestehenden entlasten und zu einem besseren Verkehrsfluss führt.

6. Abkürzungsverzeichnis

BEST .... Brihanmumbai Electric Supply and Transport Undertaking

BIP .... Bruttoinlandsprodukt

CBD .... Central Business Distrikt

CSIA ....Chhatrapati Shivaji International Airport

CST.. Chhatrapati Shivaji Maharaj Terminus

EEH .... Eastern Express Highway

MCGM .... Municipal Corporation of Greater Mumbai

MMR .... Mumbai Metropolitan Region, Mumbai Metropolitan Region

MMRDA ....Mumbai Metropolitan Region Development Authority

MTHL ....Mumbai Trans Harbour Link

MUIP.. Mumbai Urban Ifrastructure Project

MUTP.. Mumbai Urban Transport Project

NMIA.. Navi Mumbai International Airport

ÖPNV.. Öffentlicher Personennahverkehr

WEH .... Western Express Highway

7. Quellenverzeichnis

Literatur:

(1) R. P. Misra: Urbanisation in South Asia - Focus on Mega Cities, (Cambridge University Press India Pvt. Ltd), Neu Delhi: 1. Auflage, 2013

(2) Mumbai Metropolitan Region Development Authoriy: Mumbai Metropolitan Regional Plan 2016-2036, (MMRDA), Mumbai, 1.Auflage, 2016

(3) Mumbai Metropolitan Region Development Authoriy: Mumbai Metropolitan Regional Plan 1996-2011, (MMRDA), Mumbai, 1.Auflage, 1994

(4) Martin Runkel : Städtischer Personenverkehr in Indien, (GRIN Verlag), Bremen, 1.Auflage, 2005

(5) A. Enz: Mega Cities im Bann der Globalisierung: Urbanisierung, Informalisierung und Entwicklungsperspektiven am Beispiel Mumbai, (GRIN Verlag), Köln, 1.Auflage, 2009

(6) Andre Harris: The Metonymic Urbanism of Twenty-first-century Mumbai, (UK Economic and Social Research Council), 1. Auflage, 2011

Forschungen:

(7) Dr. Samantak Das: India Real Estate - Residential And Office - January - June 2017, (Knight Frank), 2017

(8) Vivek Rathi: Urban Transport - Unlocking the realty potential, (Knight Frank), 2016

(9) Prashant Kumar Thakur: Mumbai Redefined - A White Paper, (Anarock), 2017

(10) MMRDA/World Bank: Comprehensive Transportation Study for MMR, (LEA International Ltd.), 2008

Internetquellen:

(11) https://en.wikipedia.org/wiki/Mumbai [Stand 20.02.2018]

(12) http://www.bpb.de/internationales/weltweit/megastaedte/64627/mumbai?p=all [Stand 19.02.2018]

(13) https://en.wikipedia.org/wiki/Mumbai_Suburban_Railway [Stand 22.02.2018]

(14) https://mmrda.maharashtra.gov.in/metro-line-1 [Stand 22.02.2018]

(15) https://mmrda.maharashtra.gov.in/who-we-are [Stand 23.02.2018]

(16) https://mmrda.maharashtra.gov.in/mumbai-monorail-project [Stand 22.02.2018]

(17) https://mmrda.maharashtra.gov.in/mumbai-urban-transport-project1   [Stand 25.02.2018]

(18) https://mmrda.maharashtra.gov.in/mumbai-urban-infrastructure-project# [Stand 25.02.2018]

(19) http://www.mcgm.gov.in/irj/go/km/docs/documents/MCGM%20Department%20List/Chief%20Accountant%20(Finance)/Budget/BudgetEstimates2016-2017/1%20MC%20's%20Speech/Budget-A%2cB%2cG/English%20Speech.pdf [Stand 28.02.2018]

(20) https://mmrda.maharashtra.gov.in/mumbai-metro-rail-project [Stand 28.02.2018]

(21) https://www.mmrcl.com/en/about-mmrc/know-your-metro [Stand 28.02.2018]

(22) https://en.wikipedia.org/wiki/Mumbai_Metro [Stand 28.02.2018]

(23) https://www.mumbai77.com/images/newblog/Mumbai_Railway_Network_Map.png [Stand 10.03.2018]

(24) https://knoema.de/atlas/Indien/BIP-pro-Kopf [Stand 13.03.2018]

(25) http://www.mappery.com/map-of/Mumbai-City-Map-2 [Stand 13.03.2018]

(26) https://mmrda.maharashtra.gov.in/regional-plan [Stand 28.02.2018]

(27) https://www.mumbai77.com/city/2153/travel/railway-network-map/ [Stand 12.03.2018]

(28) https://en.wikipedia.org/wiki/Chhatrapati_Shivaji_International_Airport [Stand 28.02.2018]

(29) https://en.wikipedia.org/wiki/Mumbai_Trans_Harbour_Link [Stand 28.02.2018]

(30) https://mmrda.maharashtra.gov.in/mthl [Stand 28.02.2018]

(31) https://en.wikipedia.org/wiki/Coastal_Road_(Mumbai) [Stand 28.02.2018]

(32) https://en.wikipedia.org/wiki/Navi_Mumbai_International_Airport [Stand 28.02.2018]

Fußnotenquellen:

a) http://www.citypopulation.de/world/Agglomerations.html [Stand: 19.02.2018]

b) https://timesofindia.indiatimes.com/city/mumbai/no-of-vehicles-in-city-up-50-in-5-yrs/articleshow/56302918.cms [Stand: 20.02.2018]

c) https://www.gtai.de/GTAI/Navigation/DE/Trade/Maerkte/Geschaeftspraxis/kaufkraft-und-konsumverhalten,t=kaufkraft-und-konsumverhalten--indien,did=1739304.html [Stand 22.02.2018]

d) https://www.hindustantimes.com/mumbai-news/mumbai-airport-to-be-saturated-by-2018-says-report/story-dMvziVJB9VuJyi6Lwt3akN.html [Stand 7.03.2018]

e) https://en.wikipedia.org/wiki/Coastal_Road_(Mumbai) [Stand 16.03.2018]

8. Anlagenverzeichnis

Anlage 1: Proposed Regions und Sub Regions in MMR

(Quelle: Mumbai Metropolitan Region Development Authoriy: Mumbai Metropolitan Regional Plan 1996-2011, (MMRDA), Mumbai, 1.Auflage, 1994)

Anlage 2: Administrative Boundaries - 2016

(Quelle: Mumbai Metropolitan Region Development Authoriy: Mumbai Metropolitan Regional Plan 2016-2036, (MMRDA), Mumbai, 1.Auflage, 2016)

Anlage 3: Bevölkerungsentwicklung in Mumbai (Angaben in Millionen)

(Angaben aus: Mumbai Metropolitan Region Development Authoriy: Mumbai Metropolitan Regional Plan 2016-2036, (MMRDA), Mumbai, 1.Auflage, 2016 ; Mumbai Metropolitan Region Development Authoriy: Mumbai Metropolitan Regional Plan 1996-2011, (MMRDA), Mumbai, 1.Auflage, 1994)

Anlage 4: Indien - BIP pro Kopf 1980 - 2017

(Quelle: https://knoema.de/atlas/Indien/BIP-pro-Kopf [Stand 13.03.2018])

Anlage 5: Key Transport Indicators (growth per cent)

(Quelle: MMRDA/World Bank: Comprehensive Transportation Study for MMR, (LEA International Ltd.), 2008)

Anlage 6: Urban Sprawl, 1973 - 2010

(Quelle: Mumbai Metropolitan Region Development Authoriy: Mumbai Metropolitan Regional Plan 2016-2036, (MMRDA), Mumbai, 1.Auflage, 2016)

Anlage 7: Existing Land-Use 2016

(Quelle: Mumbai Metropolitan Region Development Authoriy: Mumbai Metropolitan Regional Plan 2016-2036, (MMRDA), Mumbai, 1.Auflage, 2016)

Anlage 8: Mumbai City Map

(Quelle: http://www.mappery.com/map-of/Mumbai-City-Map-2 [Stand 13.03.2018])

Anlage 9: Proposed Land-Use 2036

(Quelle: https://mmrda.maharashtra.gov.in/regional-plan [Stand 28.02.2018])

Anlage 10: Mumbai Metro Master Plan

(Quelle: https://mmrda.maharashtra.gov.in/mumbai-metro-rail-project [Stand 28.02.2018])

Anlage 11: CTS Recommended Highway Network for MMR in 2036

(Quelle: MMRDA/World Bank: Comprehensive Transportation Study for MMR, (LEA International Ltd.), 2008)

Anlage 12: Mumbai Suburban Rail Network

(Quelle: https://www.mumbai77.com/city/2153/travel/railway-network-map/ [Stand 12.03.2018])

Tabelle 1: Trips in MMR by Mode of Transport

(Quelle: MMRDA/World Bank: Comprehensive Transportation Study for MMR, (LEA International Ltd.), 2008)

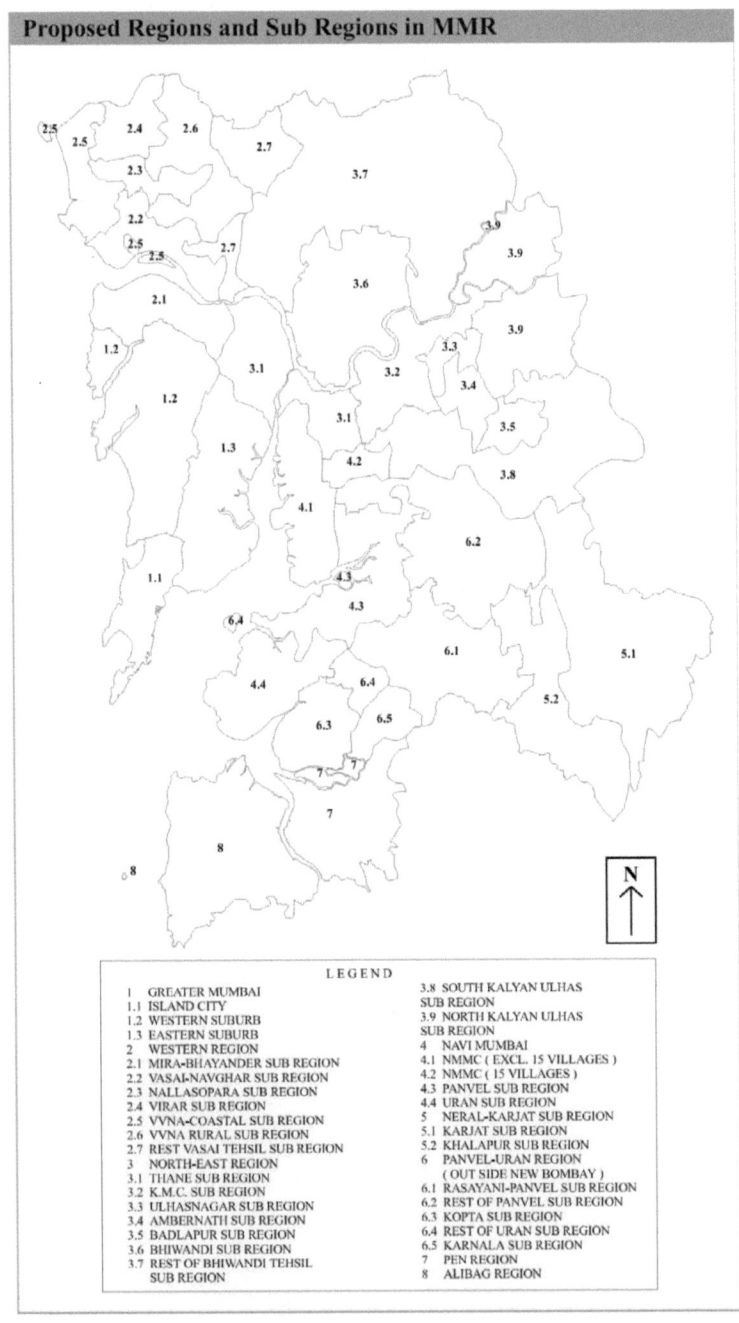

Proposed Regions and Sub Regions in MMR

LEGEND	
1 GREATER MUMBAI	3.8 SOUTH KALYAN ULHAS SUB REGION
1.1 ISLAND CITY	3.9 NORTH KALYAN ULHAS SUB REGION
1.2 WESTERN SUBURB	
1.3 EASTERN SUBURB	4 NAVI MUMBAI
2 WESTERN REGION	4.1 NMMC (EXCL. 15 VILLAGES)
2.1 MIRA-BHAYANDER SUB REGION	4.2 NMMC (15 VILLAGES)
2.2 VASAI-NAVGHAR SUB REGION	4.3 PANVEL SUB REGION
2.3 NALLASOPARA SUB REGION	4.4 URAN SUB REGION
2.4 VIRAR SUB REGION	5 NERAL-KARJAT SUB REGION
2.5 VVNA-COASTAL SUB REGION	5.1 KARJAT SUB REGION
2.6 VVNA RURAL SUB REGION	5.2 KHALAPUR SUB REGION
2.7 REST VASAI TEHSIL SUB REGION	6 PANVEL-URAN REGION
3 NORTH-EAST REGION	(OUT SIDE NEW BOMBAY)
3.1 THANE SUB REGION	6.1 RASAYANI-PANVEL SUB REGION
3.2 K.M.C. SUB REGION	6.2 REST OF PANVEL SUB REGION
3.3 ULHASNAGAR SUB REGION	6.3 KOPTA SUB REGION
3.4 AMBERNATH SUB REGION	6.4 REST OF URAN SUB REGION
3.5 BADLAPUR SUB REGION	6.5 KARNALA SUB REGION
3.6 BHIWANDI SUB REGION	7 PEN REGION
3.7 REST OF BHIWANDI TEHSIL SUB REGION	8 ALIBAG REGION

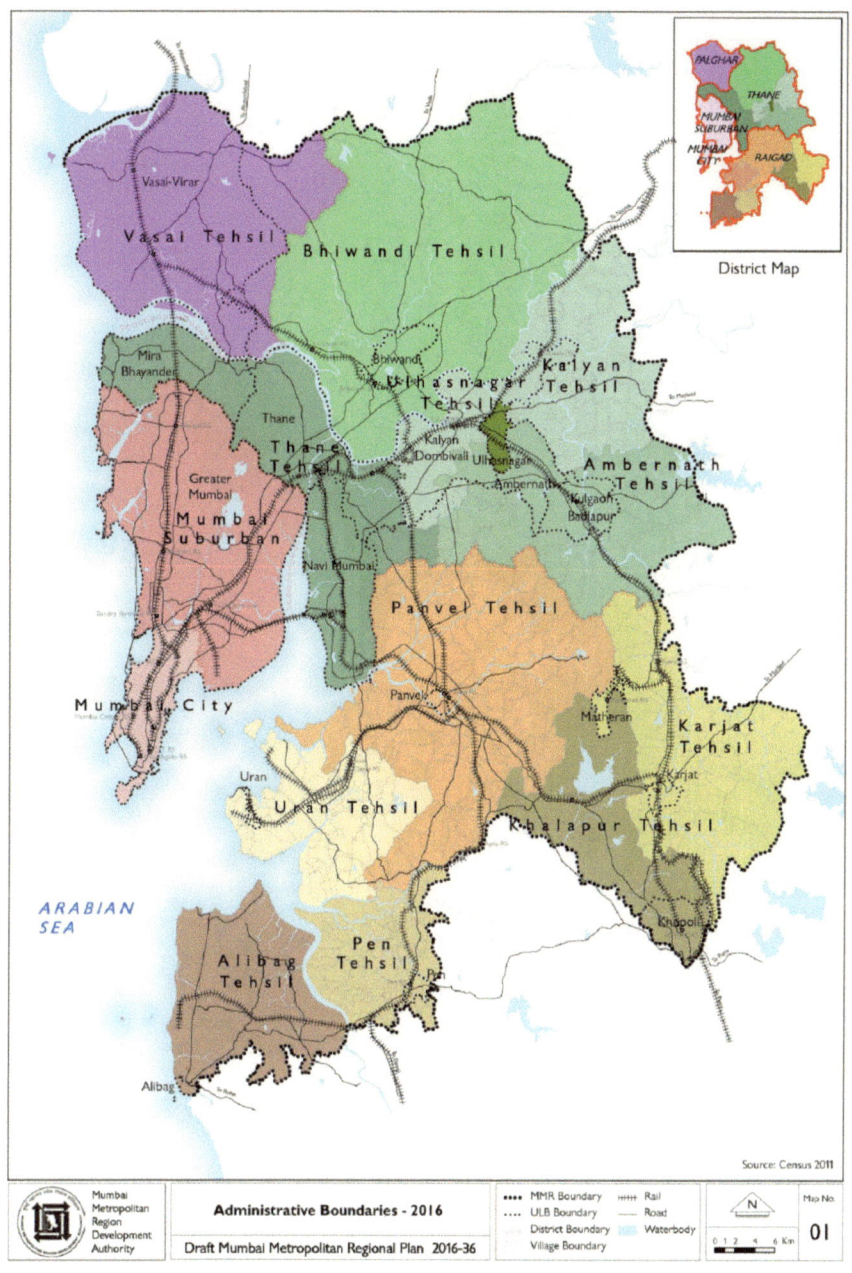

District Map

ARABIAN
SEA

Mumbai Metropolitan Region Development Authority	**Administrative Boundaries - 2016**	•••• MMR Boundary ┼┼┼ Rail		Map No.
		•••• ULB Boundary — Road	N	01
	Draft Mumbai Metropolitan Regional Plan 2016-36	⋯ District Boundary ▓ Waterbody Village Boundary	0 1 2 4 6 Km	

Source: Census 2011

27

Anlage 3: Bevölkerungsentwicklung in Mumbai (Angaben in Millionen)

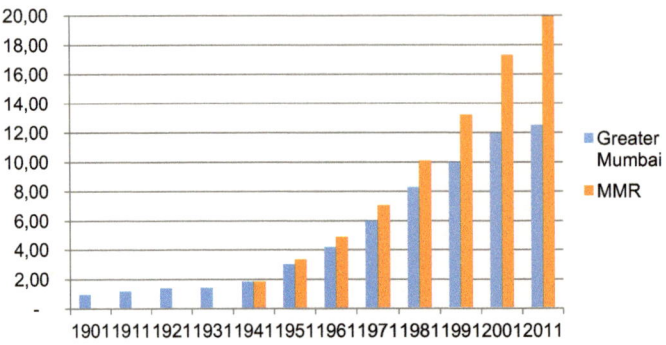

Anlage 4: Indien - BIP pro Kopf 1980 - 2017

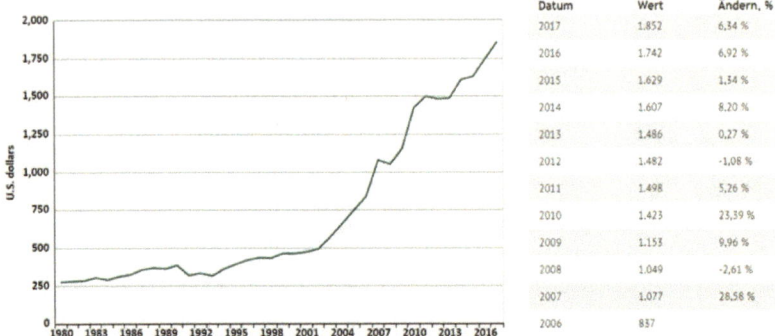

Datum	Wert	Ändern, %
2017	1.852	6,34 %
2016	1.742	6,92 %
2015	1.629	1,34 %
2014	1.607	8,20 %
2013	1.486	0,27 %
2012	1.482	-1,08 %
2011	1.498	5,26 %
2010	1.423	23,39 %
2009	1.153	9,96 %
2008	1.049	-2,61 %
2007	1.077	28,58 %
2006	837	

Anlage 5: Key Transport Indicators (growth per cent)

Sl. No.	Indicator	Per cent Growth (1991-2005)
1	Population Growth	43
2	Sub-urban Train Daily Trips	35
3	Bus Daily Trips (Main Mode + Feeder Trips)	9
4	Registered Cars	137
5	Registered Two Wheelers	306
6	Registered Auto Rickshaws	420
7	Registered Taxis	125
8	Registered Commercial Vehicles	200
9	Airport Passengers	94

Anlage 6: Urban Sprawl, 1973 - 2010

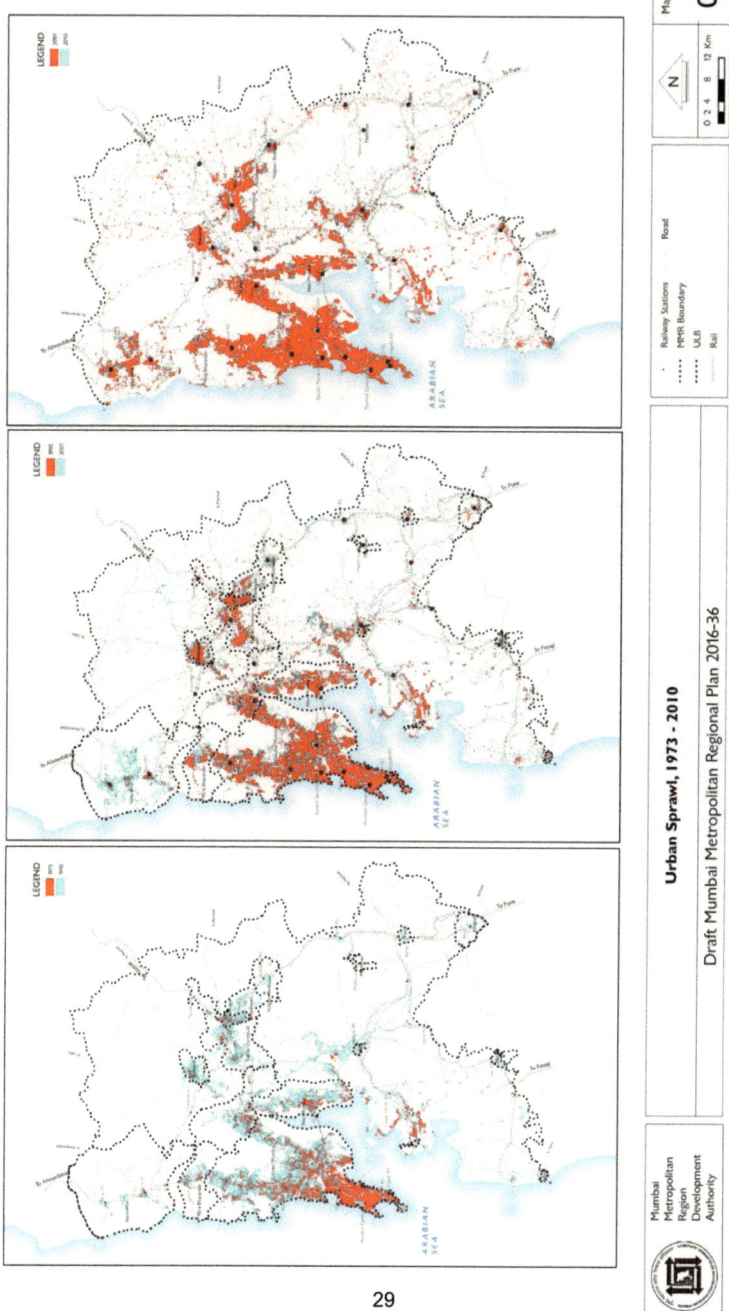

Map No. 09

N

0 2 4 8 12 Km

Railway Stations
MMR Boundary
 ULB
Road
Rail

Urban Sprawl, 1973 - 2010

Draft Mumbai Metropolitan Regional Plan 2016-36

Mumbai
Metropolitan
Region
Development
Authority

29

Anlage 7: Existing Land-Use 2016

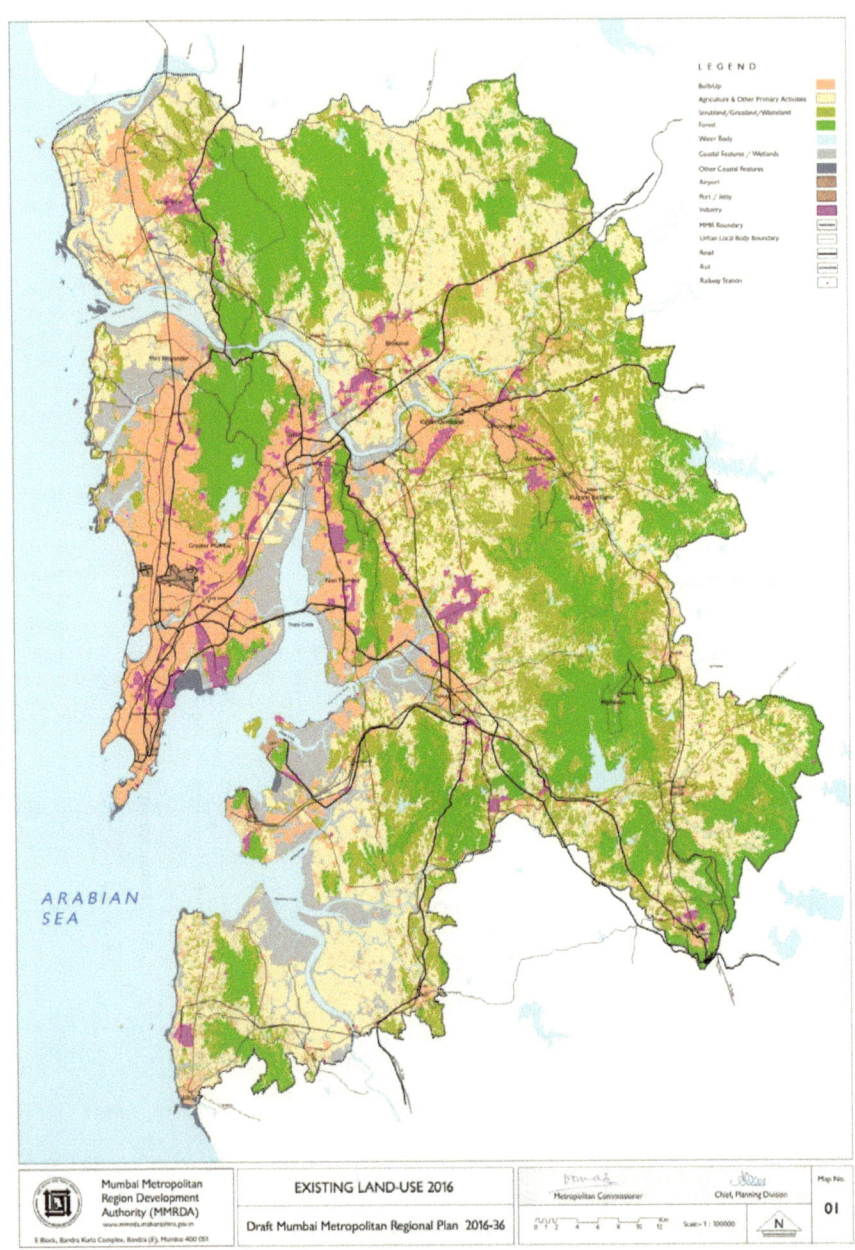

Anlage 8: Mumbai City Map

Anlage 9: Proposed Land-Use 2036

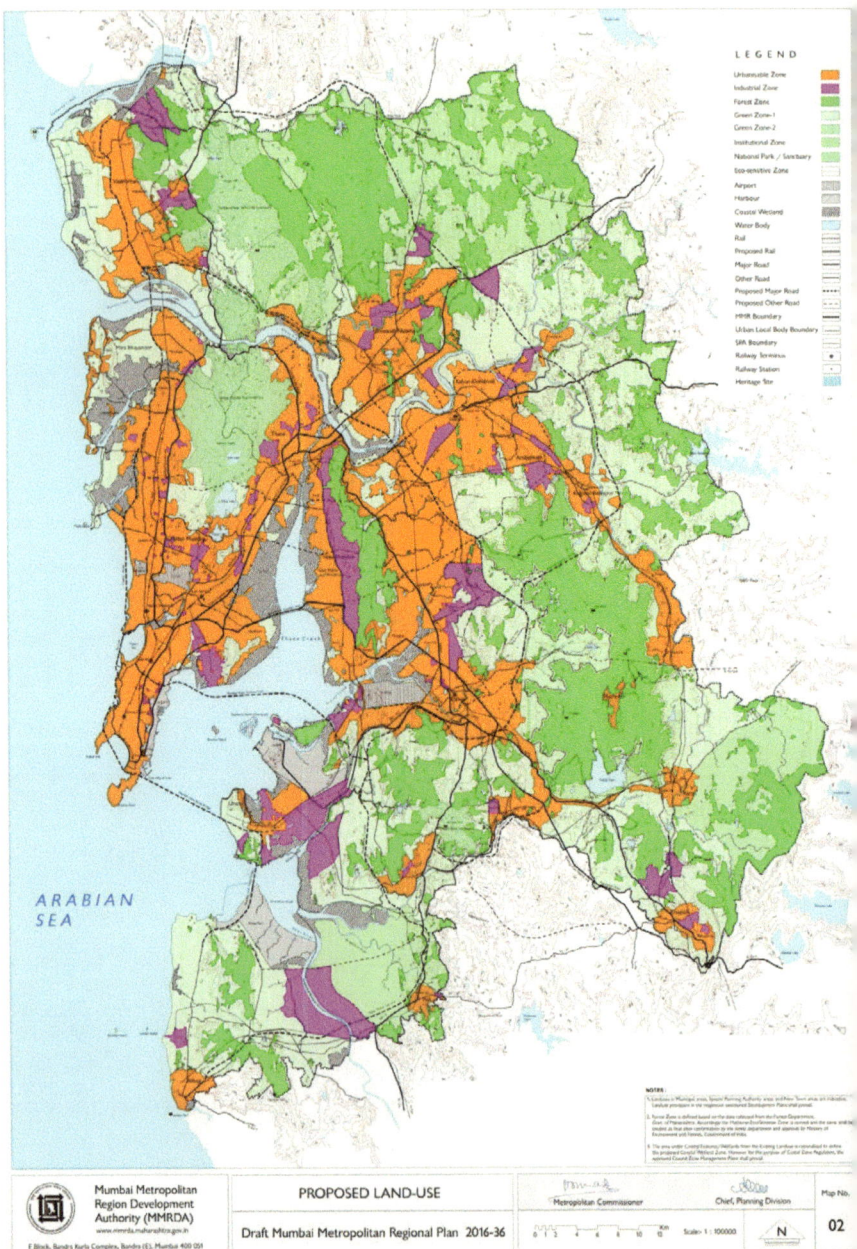

Anlage 10: Mumbai Metro Master Plan

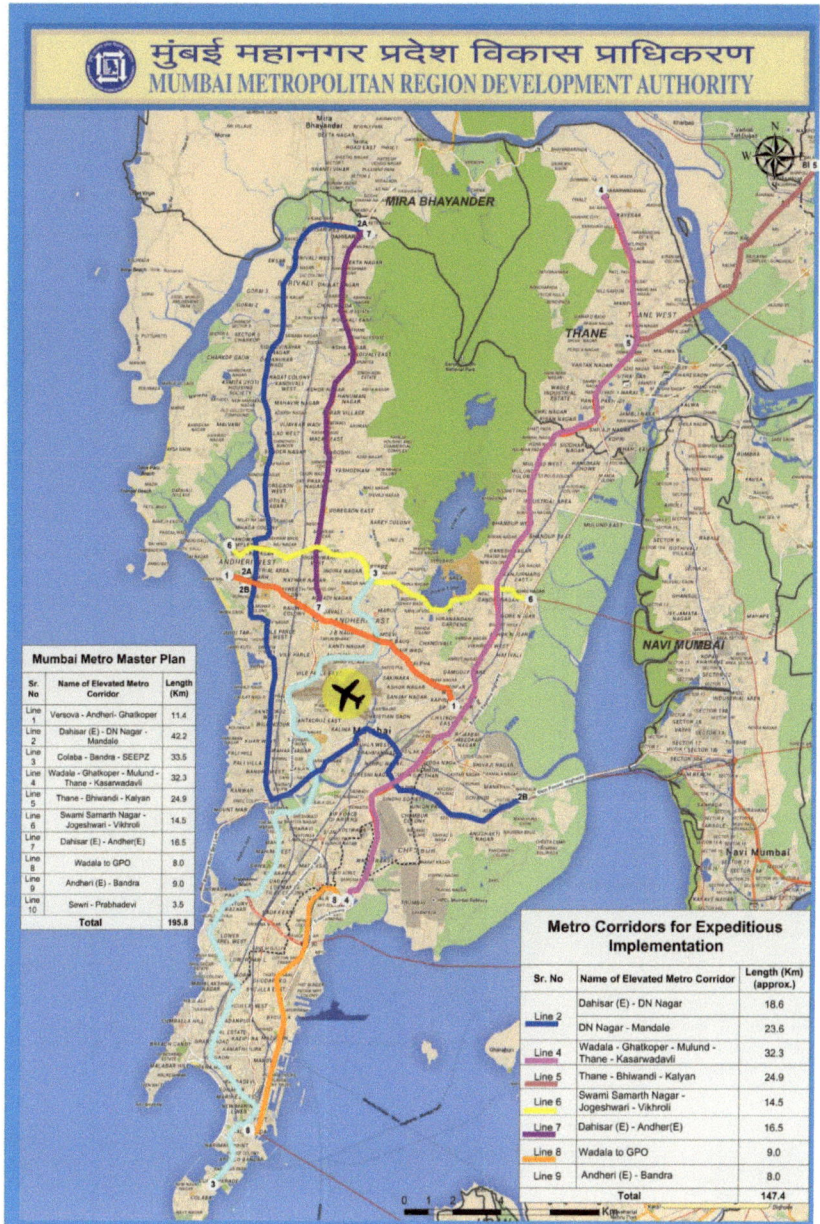

Mumbai Metro Master Plan

Sr. No	Name of Elevated Metro Corridor	Length (Km)
Line 1	Versova - Andheri- Ghatkoper	11.4
Line 2	Dahisar (E) - DN Nagar - Mandale	42.2
Line 3	Colaba - Bandra - SEEPZ	33.5
Line 4	Wadala - Ghatkoper - Mulund - Thane - Kasarwadavli	32.3
Line 5	Thane - Bhiwandi - Kalyan	24.9
Line 6	Swami Samarth Nagar - Jogeshwari - Vikhroli	14.5
Line 7	Dahisar (E) - Andher(E)	16.5
Line 8	Wadala to GPO	8.0
Line 9	Andheri (E) - Bandra	9.0
Line 10	Sewri - Prabhadevi	3.5
	Total	195.8

Metro Corridors for Expeditious Implementation

Sr. No	Name of Elevated Metro Corridor	Length (Km) (approx.)
Line 2	Dahisar (E) - DN Nagar	18.6
	DN Nagar - Mandale	23.6
Line 4	Wadala - Ghatkoper - Mulund - Thane - Kasarwadavli	32.3
Line 5	Thane - Bhiwandi - Kalyan	24.9
Line 6	Swami Samarth Nagar - Jogeshwari - Vikhroli	14.5
Line 7	Dahisar (E) - Andher(E)	16.5
Line 8	Wadala to GPO	9.0
Line 9	Andheri (E) - Bandra	8.0
	Total	147.4

Anlage 11: CTS Recommended Highway Network for MMR in 2036

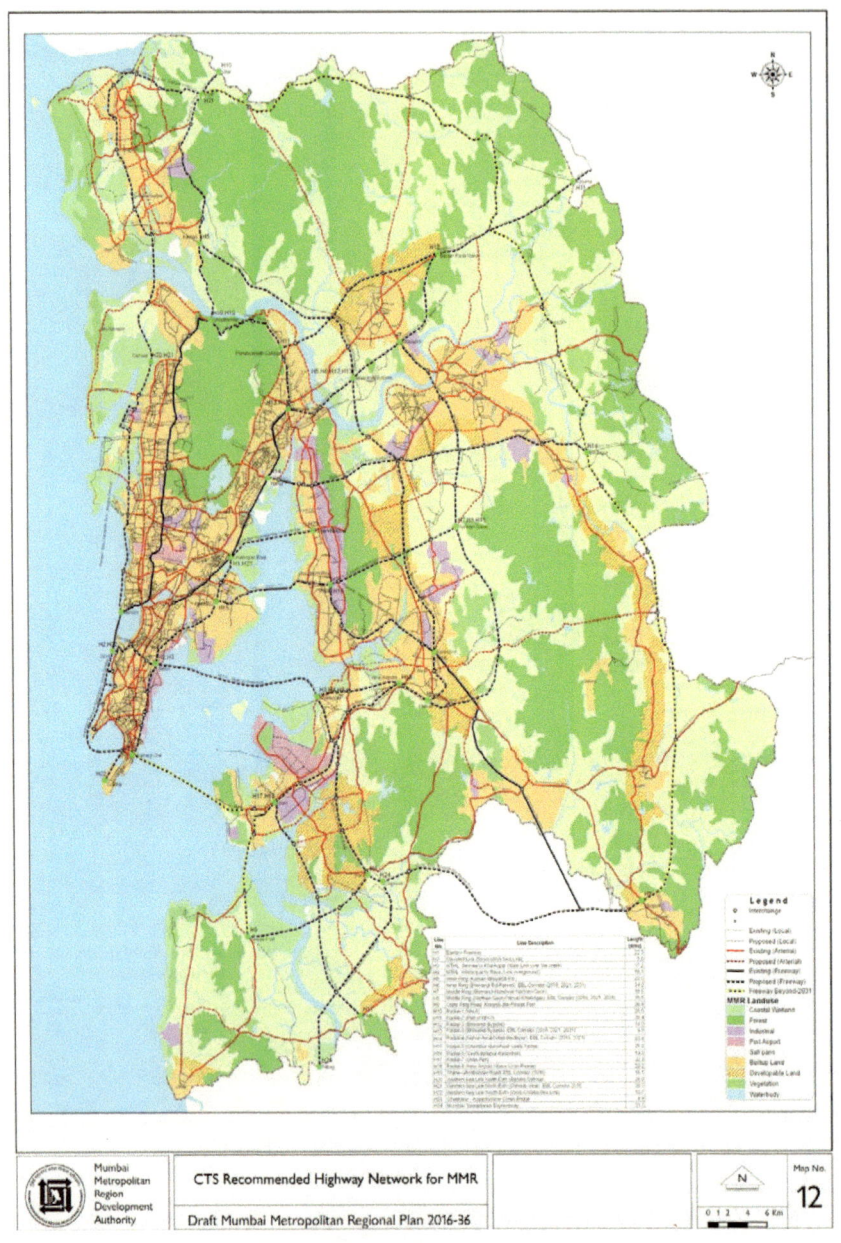